AF224292

Auguste **LEPAGE**

HENRI ROCHEFORT

ET

LA LIBERTÉ DE LA PRESSE

PARIS

CHEZ TOUS LES LIBRAIRES

1868

HENRI ROCHEFORT

ET

LA LIBERTE DE LA PRESSE.

DU MEME AUTEUR :

LES DISCOURS DU TRONE, depuis 1814 jusqu'à nos jours, un vol. in-18................. 3 fr.

LE ROMAN D'UN PARVENU, un volume in-18 (2° édition) .... 1 »

MADEMOISELLE DE MERVILLE, un v. in-18 3 »

LES SUITES DE MENTANA ou l'Italie en 1868, brochure grand in-18................... 1 »

LETTRE A MADAME LA PRINCESSE DE METTERNICH, par un détenu de Sainte-Pélagie.......................... » 50

LIGIER RICHIER, petit volume in-32, de la collection de l'Académie des Bibliophiles, tiré à 260 exemplaires......................... 2 »

HENRI ROCHEFORT

ET

LA LIBERTÉ DE LA PRESSE

PAR

Auguste LEPAGE

PARIS

CHEZ TOUS LES LIBRAIRES

1868

Depuis quelque temps, le public parisien est occupé des libelles écrits par certains drôles qui ont la prétention de se poser en redresseur de torts.

Ces pauvres hères impriment de soi-disant journaux portant des titres ronflants et se permettent de faire la leçon à des gens qui ne voudraient certainement pas les toucher du bout de leur canne.

Il est temps que les lecteurs sachent que ces insulteurs n'ont rien de commun avec les gens de lettres ; on ne doit pas laisser se propager cette idée que ces calomniateurs tiennent de près ou de loin, soit au journalisme, soit à la littérature. Pour avoir sur leur compte des renseignements sérieux, il n'y a qu'à consulter la collection de la *Gazette des Tribunaux*.

N'ayant absolument rien à risquer, puisqu'ils n'ont ni considération ni honneur, ils se sont acharnés après M. Henri Rochefort, lui donnant tout à la fois des leçons d'honnêteté et de grammaire.

En lisant ces accusations on chercha tout

d'abord la signature, et un sourire de mépris parut sur toutes les lèvres. On sut bientôt que celui qui avait fourni l'argent pour *lancer* ces publications, était un maître de bastringue, situé à une des anciennes barrières de Paris.

Le plus taré, et par conséquent, le plus grossier et le plus insolent de ce trium-virat d'un nouveau genre, — Charles Marchal, dit de Bussy, — est le véritable rédacteur de la publication de M. le comte de Stamirowski, qui, repoussé de la société des honnêtes gens, s'est associé avec Charles Marchal. Ces tristes épaves du vice, au lieu de rester dans l'ombre, ont voulu sortir de la fange où elles crou-pissaient.

Actif, haineux, assez intelligent, compre-nant tout ce que sa situation a d'abject et d'odieux, Marchal de Bussy, sachant qu'on ne peut plus l'insulter, s'est mis à calomnier les autres. Stigmatisé plusieurs fois par la justice pour accusation de viol, de faux, d'insultes à la famille royale d'Orléans, ses hauts faits, connus de tous, le mettent à l'abri d'un duel.

Dans leur lutte odieuse et ridicule, pas un soutien n'est venu à la société de Stamir et de Bussy. *Le Pays* seul, après avoir reproduit quelques-uns de leurs articles, vient définitivement de les abandonner. M. Paul de Cassagnac s'est aperçu qu'il faisait fausse route, et que ceux qu'il soutenait, parce qu'ils attaquaient, disaient-ils, des ennemis de l'empire, ne cherchaient qu'à le compromettre.

Il paraît que Marchal (de Bussy) est un défenseur énergique de la Religion, du moins il le crie partout. Tant pis pour la Religion.

Un culte qui compte de pareils amis fera difficilement des prosélytes.

Quant à Rochefort, il est trop sympathique à tout le monde pour que les calomnies lancées contre lui, l'atteignent. La boue dont ses grotesques adversaires cherchent à le salir, ne l'atteint pas, et si leur déconsidération pouvait s'accroître, s'il était possible que le mépris dont ils sont couverts augmentât, ce serait la juste récompense de MM. Stamir et de Bussy. Leurs fanfaronnades n'en n'imposent à personne; on sait que la main de Victor Noir s'est déjà abattue deux fois sur la longue échine de Stamir, et que sous des soufflets répétés, son visage jaune a légèrement rougi.

Rochefort ne pouvant mettre la main sur les deux pleutres qui s'intitulent ses adversaires, est allé chez leur imprimeur et l'a souffleté. Le bruit avait couru que le parquet poursuivrait d'office; mais M. Rochette, qui n'a pas jugé à propos de rendre à Rochefort les coups qu'il en avait reçus, a été obligé de déposer une plainte en règle et se porter partie civile (1).

Mais l'ancien rédacteur du *Drapeau Catholique* (2) ne s'est pas contenté d'attaquer Rochefort, il a aussi essayé ses forces contre MM. Albert Wolf, André Gill, de Bragelonne. Il n'a pas prouvé un seul des faits avancés par lui, mais ce Basile ne voulait rien prouver,

(1) Nous apprenons que M. le Procureur impérial a ordonné une enquête, et que MM. Rochefort et Rochette ont été appelés devant le juge d'instruction.

(2) Ce journal, qui vécut quelques numéros seulement, attira aussi sur Charles Marchal et son associé, les investigations de la justice.

il cherchait seulement à ternir la réputation d'hommes qui avaient refusé de le prendre lui-même pour un homme.

Nous lisons ce qui suit dans le *Figaro* du 24 juillet :

« Hier ont été appelés à la sixième chambre, présidée par M. Delesvaux, les différents procès intentés par notre collaborateur Albert Wolf, à ses calomniateurs ordinaires.

Un incident assez curieux s'est produit à cette occasion. Le sieur Charles Marchal, dit de Bussy, directeur du journal dont Stamir est le trop fameux rédacteur, n'a pas pu trouver de défenseur parmi les honorables membres du barreau parisien.

Cet individu est allé frapper à toutes les portes. Tout d'abord il s'est adressé à quelques avocats illustres qui plaident volontiers contre le *Figaro*, mais ces hommes de talent ont tous pensé que le cas du sieur de Bussy n'a rien de commun avec la polémique et lui ont refusé leur concours contre notre collaborateur.

Après qu'il se fut en vain adressé aux illustrations du barreau, le sieur de Bussy est allé voir quelques avocats moins célèbres, mais d'un talent incontestable. Partout la même réponse... partout le même refus.

Enfin, dans la soirée de mardi, un honorable avocat, Me R..., accepta ; éclairé une heure après par un collègue sur la nature de la cause dont on lui avait confié la défense, il refusa le lendemain comme les autres.

Nous laissons à nos lecteurs le soin de tirer de cet incident la conclusion morale qui en découle tout naturellement. Toujours est-il qu'à l'appel de sa cause, le sieur de Bussy (Charles Marchal) a dû se présenter sans défenseur.

Aussi, en quittant le Palais, il s'est écrié assez haut pour être entendu de quelques membres du barreau :

— Dans mon prochain numéro, j'écraserai les avocats !

Nous estimons que le barreau de Paris se souciera fort peu des attaques d'un pareil adversaire ; mais l'incident que nous venons de signaler semble prouver qu'il y a une solidarité entre honnêtes gens, lors même qu'ils ne se connaissent pas personnellement. »

De son côté, M. de Bragelonne écrit :

« Nous remercions cordialement nos amis de

témoignages d'estime et de sympathie que nous ont valus de leur part les basses et ignobles insultes dont nous avons été l'objet et les imputations, trop abjectes pour pouvoir même être relevées, sous-entendues derrière des sobriquets empruntés à l'argot des bagnes et des maisons centrales, où leur auteur a eu l'occasion de puiser à leur source ces éléments de littérature.

En présence du mépris public, soulevé par l'indignation de tous les écrivains honnêtes, à l'endroit de ces libelles infâmes ; en présence de l'attitude de l'éditeur, qui refuse de les couvrir plus longtemps de son patronage ; en présence surtout de la révélation faite par le *Figaro* de l'identité de l'homme qui se cache sous le pseudonyme de Charles de Bussy, nous renonçons à donner suite à notre plainte.

A quoi bon faire condamner comme diffamateur un malheureux notoirement flétri pour escroquerie, pour attentat aux mœurs, pour injures publiques et imprimées contre d'augustes bienfaiteurs dont il avait payé les bontés par une filouterie et l'indulgence par des outrages, et que servirait une condamnation de plus contre un habitué des bancs du palais de justice, tellement connu qu'il en est réduit à couvrir d'un pseudonyme, déjà presque aussi décrié que son nom, la publicité de son sommier judiciaire ?

Nous renonçons donc à tirer quelque réparation que ce soit de ces turpitudes infectes : il y a de ces ordures tellement dégoûtantes que ce serait faire à ceux qui les distillent trop d'honneur que de les toucher autrement qu'avec des pincettes.

A. DE BALATHIER BRAGELONNE. »

* *
*

Si des individus justement flétris par la justice n'avaient pas pour complices des directeurs de journaux ou des éditeurs, ils ne pourraient jamais se poser en hommes de lettres. Le syndicat des journalistes, demandé autrefois par M. Guéroult, serait aujourd'hui nécessaire pour signaler quelques individus qui compromettent toute une corporation.

La question Rochefort a été naturellement exploitée par les ennemis de la liberté de la presse.

Je ferai en terminant une simple réflexion sur l'étrange façon dont certains individus entendent cette liberté.

M. Albéric Second, ancien sous-préfet au service de cette misérable république de 48, aujourd'hui fonctionnaire de l'empire, a adressé au *Gaulois* un article des plus réjouissants qui dénote chez son auteur un manque absolu de sens moral; on voit que le pouvoir l'a grisé.

Parmi les sottises de cet homme d'État, ce qui frappe d'abord, c'est la recommandation faite à MM. A. Wolf, Ganesco et Cluseret, d'aller écrire en Allemagne, en Valachie et en

Amérique. Voyez-vous M. Second, ministre de l'Intérieur, comme il vous expulserait ces journalistes non moins étrangers que mal pensants.

Le *Pays* proteste tous les jours contre l'abus qu'on fait de la liberté que les journaux possèdent de tout dire (1). Certes, pour lui ce n'est pas une question de boutique, car son tirage sous le régime de l'autorisation préalable a toujours été des plus modestes. Malgré les vivacités de Messieurs de Cassagnac, le pauvre *Pays* vivote oublié, inconnu au milieu des autres organes politiques parisiens. Il n'a donc pas à redouter la concurrence, il occupe sa petite place que personne ne cherche à lui enlever.

(1) Voir les jugements rendus contre *l'Électeur* et le *Réveil*.

Paris, Typ. Walder, rue Bonaparte. 44

PARIS. — TYP. WALDER, RUE BONAPARTE, 44.

Maison J. Huart, rue du Roi-de-Sicile, 4.